AF561131

SUPERSTITIONS ET LÉGENDES

D'AUVERGNE

PAR

F. CHADEYRAS

Prix : 50 centimes

— DRAGUIGNAN —
IMPRIMERIE OLIVIER-JOULIAN, PLACE CLAUDE-GAY, 4

1899

SUPERSTITIONS ET LÉGENDES

D'AUVERGNE

PAR

F. CHADEYRAS

— DRAGUIGNAN —

IMPRIMERIE OLIVIER-JOULIAN, PLACE CLAUDE-GAY, 4

1900

L'Auvergne a été jadis, comme la Bretagne, la terre féconde des superstitions et des rêves, — rêves mélancoliques et charmants, superstitions naïves, grossières ou étranges.

SUPERSTITIONS

Aux temps passés, les fées et les lutins, les loups-garous et les revenants hantaient la plupart des cerveaux incultes, et, par les nuits sombres, se montraient, dit-on, çà et là, dans les campagnes, jetant dans les esprits troublés l'inquiétude, la peur l'épouvante.

Aujourd'hui les vieillards, même les plus attachés aux vieilles croyances locales, reconnaissent que fées, lutins et loups-garous ont disparu, et que les revenants, de plus en plus rares, n'apparaissent que dans des circonstances exceptionnelles. La plupart de ces vieilles superstitions ne seront bientôt plus que de vagues souvenirs. Mais d'autres paraissent encore vivaces et résistent aux progrès de la raison et aux attaques des personnes éclairées : *les sorciers les gens au mauvais œil* vivent toujours dans l'esprit de nombreux paysans d'Auvergne.

Les Sorciers. — Dans certaines communes on compte jusqu'à trois maîtres sorciers. Ceux-ci ont le pouvoir de jeter des sorts, de porter malheur, en toute circonstance, à tous et à tout, bêtes et gens, plantes et choses. Ils guérissent aussi, moyennant finances, les maladies les plus graves de l'homme et des animaux. Les plus habiles d'entre eux peuvent encore annuler l'action de leurs confrères moins expérimentés, moins sorciers.

Les maîtres sorciers sont considérés parfois comme des savants rustiques doués d'une science prodigieuse, et le plus souvent comme des esprits à demi infernaux, voués à Satan : ils se sont donnés corps et âme et ont reçu en échange cette science occulte qui consiste à opérer certaines espèces de miracles et surtout à attirer toutes sortes de maux sur quiconque n'est pas un ami.

D'autres ne sont que des demi-sorciers et ne possèdent qu'un don diabolique, *le mauvais œil*, dont l'influence néfaste est limitée à quelques mauvais sorts bien déterminés. Ils ont telle ou telle spécialité ; mais ils procèdent de la même manière que les vrais sorciers dont les pouvoirs sont plus étendus.

Interrogez les paysans superstitieux, et vous serez stupéfait du nombre et de la nature des méfaits et des crimes qu'ils mettent au compte des sorciers de tout degré.

Un porc à l'engrais tombe malade, ne mange

presque plus et maigrit chaque jour : le mauvais œil lui a jeté un sort et le fait dépérir !

Les jeunes veaux et les chevreaux meurent presque tous dans une étable malsaine : ce sont autant de victimes du mauvais œil !

Une vache laitière a été maltraitée ou mal soignée certain jour ; elle ne donne pas de lait le soir : un mauvais regard s'est arrêté sur elle et l'a fixée aux mamelles !

Les fruits de certains arbres n'arrivent pas à maturité par suite du mauvais temps : c'est que le mauvais œil s'est abattu sur le jardin !

Un laboureur brise son araire dans son champ pierreux : il a vu le sorcier !

Tel paysan verse son char de foin dans un pré en pente ou son tombereau de fumier dans un tournant difficile : il a rencontré le jeteur de sorts !

Malheur à qui entreprend un voyage ou commence un ouvrage important, et se trouve face à face avec le sorcier dès le matin à la première heure : le voilà enveloppé de mauvais sorts pour la journée entière et quelquefois pour toute une semaine, toute une année !

Gardez-vous d'aller au marché, à la fête, à la chasse..., si vous avez vu, au sortir de chez vous, l'homme ou la femme au regard ensorceleur : il vous serait impossible de vous soustraire à l'influence funeste de cette personne maudite !

Un charron de Thiers donne vingt francs par an à une demi-sorcière pour qu'elle ne passe plus jamais devant sa maison de travail. Chaque fois qu'il la voyait, il se faisait du mauvais sang, dit-il, brisait ses outils, se blessait, abîmait son ouvrage... Depuis qu'il fait porter à « la vieille damnée » la pension de vingt francs, il ne la voit plus et n'a plus à déplorer, ajoute-t-il, tous les accidents d'autrefois.

Quand une personne est poursuivie par le mauvais œil, elle n'a guère qu'une ressource pour conjurer les mauvais sorts : c'est d'aller trouver un sorcier plus sorcier que celui qui l'a ensorcelée et de suivre de point en point les prescriptions de ce maître de la sorcellerie.

Les ordonnances de sorciers sont toujours aussi insensées qu'originales. Un rhumatisant prétendait que le mauvais œil lui avait paralysé la jambe gauche. Un sorcier, moyennant vingt francs, lui prescrivit le remède suivant, inédit bien entendu, et d'un effet merveilleux : faire bouillir une soupe de lard rance, deux heures le matin et trois heures le soir, dans un pot de terre à étroite embouchure et couvert d'un vieux bas de laine ; puis, de minuit à une heure, se frotter la jambe malade avec ledit bas trempé dans la soupe presque bouillante ; continuer ainsi jusqu'à guérison complète...

Une femme avait mené son veau au marché trois fois sans pouvoir le vendre. Elle alla consulter le sorcier qui lui ordonna d'attacher un gros crapaud vivant près du veau, dans un coin de l'étable. Avant d'aller au marché pour la quatrième fois, la femme eut encore la précaution de suspendre une « sainte médaille » au cou du veau ensorcelé ! Cette fois, elle le vendit !

Au récit de pareils faits, on se croirait reporté au moyen âge ou transporté dans une colonie d'aliénés. Et pourtant ces croyances et ces actions sont celles de Français de notre époque qui, en temps ordinaire, ne sont ni fous ni idiots, mais qui, en certaines circonstances, se montrent follement superstitieux. A la suite d'accidents inexpliqués, de maladresses inconscientes, ou sous le coup d'une malechance persistante, ces personnes superstitieuses perdent la tête et font taire la raison pour suivre toutes les suggestions de la bêtise et de la crédulité ancestrales.

Voici, à ce sujet, des faits dont l'authenticité ne saurait être mise en doute et qui prouvent suffisamment qu'il n'y a rien d'exagéré dans les récits précédents.

Extrait d'un jugement de simple police, rendu *le 23 mars 1899* à Cunlhat (Puy-de-Dôme)

«.... siégeant M. J. C., juge de paix du canton « de Cunlhat, assisté de M. B. greffier.

« Par exploit de M. J..., huissier à C..., les susnommés 1° J..., 2° B..., son épouse 3° M. L... B..., leur fille, ont fait citer le 21 mars les femmes C..., C..., et G...,

« Le président a questionné les prévenues indivi- « duellement sur les faits qui leur étaient reprochés. « Elles ont répondu comme suit :

« 1° C. P..., épouse C..., dit qu'il est vrai

» qu'elle a traité la femme B..., de sorcière, de
» tire-lait de vache, parce que cette femme depuis
» cinq ou six ans lui a causé un grand préjudice ;
» que, en regardant ses vaches, leur lait disparaît,
» que, par le même procédé, ses poules ne font plus
» d'œufs, ses cerisiers ne donnent plus de cerises ;
» qu'elle a jeté un sort sur sa maison ; que les rats
» coupent sa paille sans que les chats puissent les
» attraper ; que, en un mot, la femme B..., a une
» terrible vue ;

« 2° M. C..., fille de la précédente, a reconnu
» également avoir reproché à la femme B..., tout
» le mal qu'elle lui avait fait et lui faisait encore
» par le sort qu'elle avait jeté sur ses bestiaux et
» sa maison ; que c'était pour cela que souvent et
» depuis longtemps elle la traitait de sorcière, de
» tire-pis et de veste rouge... ;

« 3° J. R..., a reconnu qu'elle avait traité la
» requérante de sorcière, pour cette raison que cette
» femme lui faisait beaucoup de mal ; que, un jour,
» ayant mangé une fricassée de boudin que lui avait
» apportée la femme B..., et dans lequel boudin,
» celle-ci avait dû mettre une dose sans aucun doute,
» elle s'était cassé une jambe, et, pendant quelque
» temps, elle avait eu l'envie de se pendre ; qu'elle
» possédait une belle chèvre qui lui donnait quatre
» écuellées de lait, mais que la femme B...,
» l'ayant regardée, cette chèvre ne lui en donnait,
» plus qu'une écuellée ; que, par le même procédé,
» c'est-à-dire en les regardant, les petits cochons

» se couvraient d'une croûte rouge et crevaient
» ensuite les uns après les autres ; qu'elle avait été
» obligée d'aller à Sauxillanges trouver un autre
» sorcier qui conjura le mauvais sort et sauva ainsi
» les cochons qui lui restaient.................
» ....

« Le Tribunal, ouï les parties...; ouï également
» le ministère public...; statuant par jugement
» contradictoire en dernier ressort ; attendu que la
» culpabilité des défenderesses est clairement dé-
» montrée tant par le résultat des débats que par les
» aveux mêmes des prévenues ; attendu qu'il résulte
» de tout ce qui précède que la demande formée
» par les époux B..., et leur fille est parfaitement
» justifiée ; que ces faits constituent la contraven-
» tion prévue et punie par l'art. 471 du code pénal...;
» par ces motifs, faisant application de l'art. 463, à
» raison des circonstances atténuantes, pour la
» femme G..., seulement,

« Condamne C. P...., M. C...., à cinq francs
» d'amende chacune, et la femme G..., à un franc
» d'amende ; et, statuant sur les conclusions de la
» partie civile, condamne les défenderesses à payer
» aux demandeurs à titre de dommages-intérêts,
» savoir : la femme G..., la somme de cinq francs,
» C. P..., celle de vingt-cinq francs et M. C...,
» celle de quarante francs ; disant que les frais du
» présent jugement et tous ceux auxquels il a pu
» ou pourra donner lieu, seront acquittés : un
» cinquième par la femme G..., et le surplus par

» les femmes C. P..., et M. C..., solidairement
» entre elles.

« Ainsi jugé et prononcé en audience publique
» les jour, mois et an susdits. »

La commune de Ceilloux, canton de St-Dier d'Auvergne, jouit d'une amusante réputation, due à la science extravagante des maîtres sorciers et à l'incroyable bêtise des nombreuses dupes qu'ils ont faites.

LES BÊTES MAUDITES

Dans certains villages de la Haute-Auvergne, les personnes âgées attribuent encore au hibou et à la salamandre un pouvoir mystérieux et terrible : l'un annonce la mort, l'autre la donne sur-le-champ.

Le chat-huant.— Dans le silence de la nuit, au fond des campagnes, le cri du chat-huant vous pénètre comme une longue plainte, monotone, sinistre. L'effet de ce cri saisissant est encore souvent accru par certaines coïncidences pénibles : dans les chambres de malades ou d'agonisants, la lampe reste allumée toute la nuit. Or les fenêtres des maisons de paysans n'ont presque jamais de persiennes ou de volets. La lumière attire, fascine les oiseaux de nuit ; peut-être aussi leur odorat est-il frappé par certaines émanations parfois très fortes. Le hibou vole donc autour de la demeure éclairée en poussant de longs cris effarés. Les personnes qui veillent auprès du malade, déjà prédisposées à la tristesse, hantées de funestes pressentiments, sont épouvantées par ces cris, ces plaintes lugubres qui leur semblent l'annonce, l'appel, l'approche de la mort. Pour elles, il n'y a point de doute, le hibou est l'oiseau de la mort ou, comme dit La Fontaine, traduisant le préjugé populaire,

« ... l'oiseau qu'Atropos prend pour son interprète. »

Aussi le paysan qui parvient à tuer un chat-huant le crucifie à la porte d'une grange et se venge ainsi de la bête funeste qui a éveillé bien des fois ses craintes, excité sa colère, mérité, selon lui, toutes ses malédictions.

— **La salamandre.** — La salamandre ne respirerait que toutes les vingt-quatre heures, mais son haleine empoisonnée serait mortelle pour les hommes, les animaux et même les plantes.

Un passant en sueur s'arrête à l'ombre, au bord du bois Il se désaltère à la source d'eau glaciale. Quelques heures après, il grelotte la fièvre. De bonnes gens vous diront en hochant la tête qu'il est presque certain qu'une salamandre avait respiré dans cette eau devenue mortelle. Et la source portera dans le pays le nom de « font de la Salamandre. »

Un cultivateur, le père L..., me montrait il y a quelques années un jeune pin entièrement desséché : une salamandre, disait-il, avait dù mordre l'arbre au pied et souffler sous l'écorce où la sève aussitôt cessa de circuler.

Il est des gens qui bravement écraseront du pied une vipère et fuiront à toutes jambes à la vue d'une salamandre.

Le crapaud. — Le crapaud est détesté. Il inspire une horreur instinctive. Des parents recommandent à leurs enfants de ne pas le regarder de près, parce que, disent-ils, cet animal lance parfois en l'air un jet d'urine vénéneuse qui brûle les yeux et peut rendre aveugle.

A cause de sa laideur et de ce prétendu jet de venin, la pauvre bête est souvent maltraitée, torturée.

LES « PAUVRES AMES »

Revenants. — Les villageois, et surtout les femmes d'un certain âge, ne sont pas rares qui ont vu de « pauvres âmes des morts ».

La vieille mère F..., veuve depuis quelques jours,

et seule dans sa maison, aperçut, la nuit, son mari qui lui tendait les bras comme pour implorer son secours. Il avait mal vécu autrefois ; il paraissait souffrir horriblement. La bonne femme s'empressa, le lendemain, d'aller trouver M. le Curé et de lui payer plusieurs messes pour le repos de l'âme du défunt.

Le père M... racontait qu'une nuit un revenant le réveilla en sursaut et lui enleva son bonnet.

Le cantonnier C..., attardé dans le bois de T..., un soir d'orage, entrevit la silhouette de son père, mort depuis quelques semaines. Il lui promit une messe ; et l'ombre disparut.

Signes. — D'autres ont perçu des bruits significatifs, des coups répétés, des soupirs, des gémissements. C'était *signe* qu'un des leurs venait de mourir et leur disait adieu, ou encore qu'un de leurs morts leur faisait comprendre que, pour sortir du purgatoire, il avait besoin de leur aide.

Pour faire cesser ces bruits, ces signes, ces apparitions, les vivants disent des prières et surtout promettent des messes.

Flammes.— Les lumières aperçues, la nuit, dans des lieux solitaires, les feux-follets surtout sont encore considérés par plus d'un vieillard comme des âmes errantes, des âmes en peine, condamnées à se purifier sur la terre et à voltiger en papillons de feu ou en langues de flammes pour expier des infidélités, de coupables folies, des mensonges ou des calomnies.

La « chasse royale » ou chasse des morts. — Les vieillards ont gardé le souvenir de la « chasse royale » ou plus justement « la chasse des morts ».

Les aïeuls de nos grands-parents racontaient que l'on avait entendu, certaines années, vers minuit, un bruit lugubre, saisissant, d'ailes agitées et de chaînes entrechoquées. A cette heure-là, des gens avaient vu d'énormes oiseaux noirs tournoyer follement au-dessus d'une croix. C'étaient des âmes de pécheurs à qui Dieu venait de fermer le paradis, et qui, poursuivies par des démons invisibles, s'efforçaient de s'accrocher au gibet du Christ pour n'être point entraînées en enfer. Toutes celles qui parvenaient à se poser sur la croix disparaissaient aussitôt pour aller se purifier au sein du purgatoire. Les autres s'abîmaient en enfer dans un bruit de tempête épouvantable.

Il y a longtemps que personne n'a plus entendu « la chasse des morts ».

LE « MALIN ESPRIT »

Le Lutin. — On rencontre encore des paysans

âgés et peu instruits qui parlent sérieusement du lutin et de ses mauvais tours. C'est, selon eux, le plus subtil et le plus malin des esprits infernaux. Certains vieillards l'ont entrevu, la nuit, dans les écuries, glisser comme une ombre sur la croupe des chevaux, sous le ventre des vaches, et disparaître ensuite par le trou de la serrure. Parfois aussi le *malin* prenait la forme d'une belette ou d'une salamandre ; et, par ses morsures de belette venimeuse ou son haleine empoisonnée de salamandre, il semait la maladie et jetait l'épouvante parmi le bétail. Toujours insaisissable, à l'approche de l'homme il redevenait ombre, s'enfuyait soudain et passait plus vite que le vent par le trou de clé de la porte.

L'amusement de prédilection du lutin, et l'un de ses plus mauvais tours, consistait à s'emparer des chevaux pendant la nuit et à les briser de fatigue pour que le maître fût dans l'impossibilité de s'en servir au matin, et cela précisément le jour où il avait le plus besoin de ses bêtes, soit pour une longue course, soit pour un travail pénible et pressant.

Chez qui le lutin exerçait-il son pouvoir malfaisant ? Ordinairement chez ceux qui avaient commis quelque péché grave contre Dieu ou l'Eglise. Mais cet esprit, aussi capricieux que malin, ne se bornait pas toujours à harceler les méchants, il lui arrivait aussi de tourmenter les bons pour les faire jurer, pour les perdre.

Conversation avec le père T..., cultivateur à Cunlhat.

« Alors, vous avez vu le lutin, père T... ?

— Oui, oui, je l'ai vu, moi, le lutin. C'était dans l'écurie de mon oncle. J'étais allé le voir le mardi saint, et nous devions nous rendre, le lendemain, à Ambert, pour la grande foire du mercredi saint. Nous couchions dans l'alcôve de l'écurie. Dans la nuit, j'entendis deux fois le cheval se secouer vivement. Au petit jour, comme nous nous disposions à l'atteler, nous le trouvâmes trempé de sueur, haletant, les flancs couverts d'écume. Les crins de la queue étaient entrelacés et noués de telle sorte qu'il nous fut impossible, ce jour-là, de les dénouer.

— Et c'était le lutin qui avait mis le cheval dans cet état ?

— Parfaitement.

— Mais vous ne l'avez pas vu, vous, le lutin, cette nuit-là ?

— Ah ! pardon ; je l'ai entendu deux fois ; et j'ai vu le cheval le lendemain.

— Tais-toi donc, *lui dit sa femme.* Tu fais rire de toi avec tes bêtises de l'ancien temps. Est-ce que tu y crois encore ?

— Oui, j'y crois, puisque je l'ai vu. Et d'autres aussi l'ont vu, et qui sont plus fins que toi, ma femme, sans t'offenser. Mon oncle m'a raconté que le vieux curé qui l'avait baptisé et qui était un saint homme, avait dit des prières pour chasser le lutin de la commune. Et il réussit à l'éloigner pendant quelque temps.

— N'y avait-il pas quelque moyen de s'en préserver, sans le secours direct du prêtre ?

— Le meilleur moyen de l'empêcher d'entrer, c'était de mettre dans la serrure des cendres de buis bénit. Le Lutin était obligé de les compter pour les retirer et pour pénétrer. Il n'y parvenait jamais et s'enfuyait, exaspéré, pour ne plus revenir.

— Depuis quand, et pourquoi le lutin ne vient-il plus tracasser les mortels ?

— Depuis prés de cinquante ans, on ne l'a plus vu dans nos pays. Il y en a qui pensent que c'est un saint pape qui nous en a délivrés au moyen de l'Angelus qu'on a sonné chaque soir dans cette intention. D'autres disent que ce sont les chemins de fer, le télégraphe et les autres inventions qui l'ont fait fuir pour toujours ».

Le malin. — Il y a quelque quarante ans, un soir de décembre, sur les dix heures, quatre ou cinq villageois et villageoises, revenant de la veillée, s'arrêtèrent tout à coup, effrayés par une sorte de bêlement aigu et sinistre.

« Qu'y a-t-il, là-bas, dans les haies du pré Creux ? Est-ce une bête ? est-ce une personne ou quelque damné ?

— Ça doit être le malin esprit ! » dit un bon

vieillard que tous estimaient. Chacun se signa. Un moment après, les cris avaient cessé.

Le lendemain, un rusé braconnier allait vendre clandestinement aux bourgeois de la petite ville un lièvre superbe, pris au lacet, la nuit précédente, dans une haie du pré Creux.

(Hameau de M..., canton de Cunlhat).

Les loups-garous. — Les loups-garous, démons moitié loups, moitié hommes, se montraient rarement seuls ; ils se réunissaient le plus souvent par groupes de trois ou quatre, vers minuit, au croisement de deux chemins. Ils se jetaient brusquement sur les passants attardés, sur les voyageurs, les maltraitaient, les dévalisaient, et quelquefois, dit-on, les emportaient on ne sait où.

Ces loups-garous étaient des voleurs recouverts de peaux de bêtes, ou de sinistres farceurs habilement accoutrés. Un marchand ambulant s'était amusé à épouvanter les bonnes âmes de son village, en rôdant la nuit, non loin des maisons, le corps courbé et couvert d'un gros manteau en peau de bique. Ce prétendu loup-garou ne reparut plus dès qu'un paysan eut annoncé qu'il allait lui donner la chasse à coups de fusil.

Les fées.— On ne croit plus aux fées ; mais on en parle encore. Les vieillards se souviennent des histoires que leur contaient les vieux d'autrefois.

Les fées habitaient sous terre dans des palais merveilleux. Elles venaient dérober aux mortels l'or, l'argent, les objets précieux pour les emporter dans leurs demeures souterraines. Elles enlevaient parfois les enfants, et les plus beaux, pour faire d'eux des serviteurs dans leurs palais féériques. Les fées possédaient des trésors incalculables, en majeure partie accumulés dans leurs châteaux mystérieux. Cependant là où elles se reposaient, elles laissaient toujours comme traces de leur passage des sommes considérables ou des objets en or, en argent, de quoi enrichir un mortel.

Plus d'un paysan, disait-on, creusant dans son jardin ou son champ, avait trouvé, sous des dalles, une véritable fortune en pièces d'or.

On cite des grottes, des forêts, des ravins profonds autrefois fréquentés par les fées.

D'après les récits des anciens, les fées apparaissent comme des puissances indépendantes de Dieu ou du diable. Cette superstition était donc toute païenne : elle a disparu plus rapidement que beaucoup d'autres, parce qu'elle n'avait pas de point d'appui dans les croyances religieuses populaires.

Ces belles dames rayonnantes qu'étaient les fées, ne seraient-elles pas devenues les saintes et les vierges qui apparaissent encore à des hallucinés, à des personnes d'une piété... privilégiée ?

ORIGINE
ET CAUSES DE CES SUPERSTITIONS

Ces superstitions que nous avons recueillies dans quelques villages du Puy-de-Dôme, ne sont pas toutes propres à l'Auvergne et ne doivent point être considérées comme une production originale et caractéristique du terroir. Nous savons qu'il en existe de semblables en Bretagne, dans le Gévaudan, en Provence, et sans doute aussi dans d'autres régions de la France et des deux mondes. Plusieurs des superstitions dont nous avons parlé n'appartiennent exclusivement ni à un pays, ni à une époque, ni même à une religion : elles paraissent aussi vieilles que l'esprit humain et semblent s'être épanouies pleinement au début des civilisations.

Il y a des milliers d'années, les Assyriens et les Perses avaient leurs sorciers, les Grecs et les Romains leurs revenants. Dans la cité antique, en Grèce et à Rome, on mêlait d'étranges croyances au noble culte des morts : les vivants redoutaient le retour sur la terre des âmes de défunts oubliés, et attribuaient parfois leurs peines et leurs malheurs à la vengeance des morts mal ensevelis, abandonnés ou peu respectés.

En Perse, les ministres du culte dénaturèrent la belle doctrine de Zoroastre et en firent une religion de grossières superstitions et de pratiques intéressées : astrologues et sorciers, les mages (prêtres magiciens) exploitaient le peuple en prédisant l'avenir, en pactisant avec les *esprits mystérieux* en les faisant à leur gré apparaître ou disparaître. Nos sorciers et devins ne jouissent-ils pas des mêmes pouvoirs au dire de nombreux pauvres d'esprit et souvent aussi à leurs dépens ?

Ainsi donc, après tant de siècles de christianisme et de civilisation, tels de nos contemporains ne sont pas moins superstitieux que les Perses d'il y a trois mille ans.

Quand on est amené à faire de ces rapprochements, on se dit que le progrès moral est bien lent ou bien restreint, et que cela doit tenir sans doute à la nature de l'homme dont la raison, d'abord faible et bornée, ne se développe que lentement et reste toujours sujette à l'erreur et plus ou moins soumise à la domination des bas instincts.

Quelles sont donc les causes particulières des diverses superstitions dont on peut encore, de nos jours, constater l'existence en Auvergne et ailleurs ?

Les principales nous semblent être l'ignorance ou la routine, la peur, le sentiment religieux dévoyé, l'imagination délirante.

A.— *L'ignorance ou la routine.* — Chez les

natures un peu primitives, l'ignorance est la mère de toutes les superstitions.

Dans les campagnes, les plus simples parmi les gens sans culture sont naïfs et crédules comme des enfants. Ils acceptent sans contrôle et se transmettent d'une génération à l'autre, les contes, les fables, les superstitions vieilles de plusieurs siècles. Ils ont conservé ainsi, comme vérités indiscutées, tous les racontars traditionnels sur le lutin, les loups-garous, les sorciers, etc.

Leur imagination, nourrie de ces histoires invraisemblables, se plaît au merveilleux comme celle des enfants. Tout ce qui leur paraît étonnant, incompréhensible, ils l'expliquent par des causes extraordinaires, par des agents occultes ou surnaturels : ils le rangent dans un monde mystérieux où les lois de la nature n'existent plus, où les principes de la raison ne trouvent plus d'application Procédant par imitation, ils ajoutent aux superstitions des anciens, ils complètent les fables d'autrefois. De là tant de détails insensés, stupéfiants, sur les salamandres qui traversent le feu sans se brûler, sur le crapaud, le hibou, sur la sorcellerie, le mauvais œil, etc.

On ne veut pas, ou on ne sait pas rechercher les causes des faits surprenants, des accidents, des malheurs. Au lieu de s'accuser de maladresse, d'imprudence, de sottise, de brutalité, on trouve plus simple d'incriminer un pauvre diable au regard de travers, ou un individu détesté par ses allures singulières, sa conduite suspecte ; et l'on maudit alors le sorcier, l'homme au mauvais œil.

Il est des familles plus particulièrement infestées par la superstition et dans lesquelles on conserve avec soin les croyances absurdes, comme chez d'autres on garde religieusement les traditions de probité, de charité et d'honneur. Et malheureusement ces maladies de l'esprit se gagnent de proche en proche par les récits et par l'exemple : des cerveaux, jusque-là très sains, après avoir passé des années dans un milieu superstitieux, en arrivent à se contaminer par quelque endroit, — tant la bêtise humaine est contagieuse !

B.— *La peur.*— La peur faisait redouter et même voir des loups-garous, des démons, des fantômes, aux gens d'esprit inquiet et superstitieux qui voyageaient, la nuit, par les sentiers buissonneux, les chemins creux ou les bois sombres. C'est presque toujours dans l'obscurité et dans la solitude qu'avaient lieu ces rencontres effrayantes.

Un cultivateur, robuste de corps et d'esprit, nous a assuré que, par une nuit noire, revenant d'enterrement, il entrevit tout à coup, à quelques pas de lui, un grand fantôme blanc, aux bras immenses. Il sentit aussitôt ses cheveux se hérisser et ses jambes vaciller. Que faire ? Tourner le dos et fuir ? Mais les bras du fantôme allaient s'abattre sur ses épaules ! Mieux valait avancer hardiment et se défendre en désespéré. Notre homme se précipite en avant, en brandissant sa lourde canne de houx. Il s'arrête presque aussitôt, le bras levé, prêt à frapper... un gros bouleau trapu à l'écorce toute blanche et aux branches en croix. Rassuré, mais honteux de sa peur, il jura de ne croire désormais aux fantômes qu'après les avoir vus de très près et touchés du doigt ou de la canne.

Que de gens ont dû prendre, la nuit dans leur frayeur, un buisson pour un loup-garou, un rocher pour un diable accroupi, un bouleau pour un revenant drapé dans son linceul !

C. — *Le sentiment religieux dévoyé.* — La religion est presque toujours mêlée à ces superstitions.

Les « pauvres âmes », disparues depuis peu, qui se montrent aux vivants désolés, reviennent, disent ceux-ci, du purgatoire ou de l'enfer et paraissent demander des prières et surtout des messes. Parmi les prêtres à qui les bonnes gens tourmentées font leurs confidences, il en est qui trouvent ces faits tout naturels. Ils acceptent l'argent des messes ; puis les mois s'écoulent et les visions cessent en même temps que se calment les chagrins de l'éternelle séparation. Et les personnes pieuses proclament alors que les messes ont obtenu le repos des « pauvres âmes ».

Les sorciers, les gens au mauvais œil sont des suppôts de Satan. Les francs-maçons mêmes qui, disent les dévotes, voient clair la nuit et vont au sabbat, ont conclu, eux aussi, un pacte avec le diable. Bigots et dévotes ne les désignent que sous le nom de *flammaçons* (porteurs des flammes du diable).

Le signe de la croix chassait autrefois les lutins et les démons ; aujourd'hui des offrandes, des prières toutes spéciales peuvent préserver des mauvais sorts, de même que le port de certaines médailles.

Le sentiment religieux, égaré dans de telles croyances et de telles pratiques, finit par se fausser, se corrompre et perdre tout ce qu'il pouvait avoir de respectable et d'élevé. Il aboutit, en définitive, à un ensemble de formules consacrées, de pratiques adroites, de ruses diverses destinées à gagner Dieu, à tromper le diable, et à demander au ciel châtiment pour tous ceux qui sont soupçonnés d'avoir « pactisé » avec l'enfer. Pour ces croyants superstitieux, la religion consiste, non plus à s'élever à Dieu par la bonté et l'amour du prochain, mais à « faire son salut » par la défiance et la haine envers les nombreux mécréants et damnés, « vendus à Satan », et sur qui l'on appelle toutes les malédictions d'en haut.

Les prêtres, spécialement qualifiés pour épurer le sentiment religieux, ne songent guère, dans les montagnes d'Auvergne et peut-être ailleurs, à faire franchement appel à la raison et à la conscience pour condamner ces croyances absurdes, ces pratiques grossières qui ridiculisent et déshonorent la religion.

D. *L'Imagination délirante.*— Les superstitieux sont parfois des détraqués, des hallucinés qui voient des êtres surnaturels, entendent des voix et des bruits mystérieux, conversent avec des esprits, luttent contre des démons, et prennent pour des réalités toutes les inventions de leur imagination délirante.

Les vieilles gens qui ont entendu « la chasse royale » ou chasse des morts, ont perçu réellement de grands battements d'ailes : des troupes de canards sauvages traversent certaines régions, la nuit, et souvent par un temps brumeux. L'imagination affolée de ceux qui s'épouvantent au lieu de chercher à comprendre, mêlait, à ces mouvements d'ailes, des bruits de chaînes entrechoquées : alors le passage des canards sauvages devenait une poursuite effrénée de milliers d'âmes par tous les diables de l'enfer.

Depuis un demi-siècle, les plus étranges de ces superstitions ont disparu peu à peu, à mesure que l'instruction pénétrait davantage dans les contrées les plus arriérées. De bons vieillards racontent naïvement que ce sont les chemins de fer et toutes les inventions qui ont chassé les lutins et autres êtres plus ou moins diaboliques. Ils disent vrai, en ce sens que les routes et les voies ferrées, comme la science et l'instruction, ont multiplié les relations entre les hommes, contribué à éclairer les esprits, fait reculer de plus en plus l'ignorance et chassé les fantômes de ténèbres qu'elle engendre.

Encore un mot sur les apparitions de morts. Nous en avons signalé et regretté la conséquence presque inévitable, la pieuse exploitation du chagrin des vivants. Mais nous n'avons point eu l'intention de blâmer ou de ridiculiser la conduite des personnes navrées par la mort de leurs proches. Nous éprouvons, au contraire, respect et pitié devant le malheur et le deuil ; et nous considérons comme très dignes d'estime et de sympathie les désolés qui, dans leur affliction et leurs rêves, croient revoir leurs chers disparus.

Les vers suivants témoignent de nos sentiments. Nous les avons écrits pour conserver le souvenir d'une grande douleur dont nous avons été le confident ému.

LA VISION D'UNE MÈRE

La pauvre mère en deuil sent grandir sa douleur
A penser nuit et jour que plus jamais, sur terre,
Elle ne reverra son aîné, le meilleur,
Le plus tendre des fils qu'ait chéris une mère.
« Le revoir ! songe-t-elle, et pouvoir, ô Seigneur !
« L'embrasser une fois encor ! » Puis elle pleure..
Un soir, lasse, brisée, elle ferme les yeux,
Pensant à lui, à lui qui criait : « Mère ! » à l'heure
Où la mort l'emporta dans l'inconnu des cieux !
Devant elle, soudain, il paraît en personne,
La frôle d'un baiser, d'un souffle dit : « C'est moi ! »
Frères, sœurs n'ont rien vu. La mère s'en étonne :
— Chère femme, aucun d'eux ne l'aimait comme toi !

L'AUVERGNE

En terminant cette courte étude sur l'Auvergne superstitieuse, nous croyons devoir prévenir un reproche. Il serait injuste de nous accuser d'avoir voulu dénigrer notre pays natal, parce que nous avons condamné de grossières superstitions. Combattre l'ignorance ou la sottise, flétrir le fanatisme, c'est rendre hommage au génie et à la vertu héroïque, c'est faire admirer mieux les Pascal et les Desaix. On peut ridiculiser l'Auvergne suspertitieuse, et se montrer en même temps très fier de l'Auvergne vaillante et glorieuse. Nous nous permettrons à ce sujet, de reproduire quelques vers que nous avons composés un soir de fête, dans la joie et la fierté naïve des vingt ans.

Auvergne, ô mon pays, je t'aimerai toujours !
Terre sacrée où reposent mes pères,
Terre chérie où chantent mes amours,
Mère des grands héros et des hommes austères,
Auvergne, ô mon pays, je t'aimerai toujours !

Les produits de ton sol, tes beautés naturelles
Attirent l'étranger et charment tes enfants ;
L'air pur de tes sommets donne au mourant des ailes,
Le vin de tes côteaux réjouit mes vingt ans.

Chaque province, en France, a sa part de l'histoire,
De la noble Lorraine au fier petit Aunis ;
Et toi, ma chère Auvergne, au beau livre de gloire,
Ton nom est des plus purs, des plus souvent bénis.

Quand César, tout-puissant, faisait trembler le monde ;
Quand les peuples, vaincus, se courbaient sous le joug,
L'Auvergne se dressa, dans sa douleur profonde,
Et Vercingétorix dit aux Gaulois : « Debout ! »

Il tomba, ce vaillant au sublime courage !
La liberté l'arma : la prison le reçut
Et l'abreuva six ans d'un incessant outrage,
Ajoutant le martyre aux gloires du vaincu !

Nos aïeux, égarés par d'âpres fanatiques
Se battaient, s'égorgeaient, hélas ! entre Français.
Alors de L'Hôpital, âme des temps antiques,
Apparut comme un dieu de justice et de paix.

Au siècle glorieux du bonhomme Corneille,
Où Molière égayait le Français né rieur,
Auvergne, tu donnas à la France, ô merveille !
Pascal, ton cher enfant, le plus profond penseur.

Lorsque l'Europe en flammes embrasait nos frontières,
Quand, pour vaincre ou mourir sur leurs champs
[envahis,
Nos pères accouraient en légions entières,
Desaix luttait déjà pour sauver son pays.

Auvergne, ô mon pays, je t'aimerai toujours !
Terre sacrée où reposent mes pères,
Terre chérie où chantent mes amours,
Mère des grands héros et des hommes austères.
Auvergne, ô mon pays, je t'aimerai toujours !

LÉGENDES

Nous avons traduit en vers quelques-unes des légendes, mélancoliques ou mystiques, qui nous ont charmé dans notre enfance.

LA LÉGENDE DU ROUGE-GORGE

Quand Jésus, au Calvaire,
Agonisait, pleuré
Des humbles de la terre ;
Quand son front, déchiré
Par la couronne infâme,
Fut teint d'un sang vermeil,
La nature eut une âme
Et voila son soleil.

Le deuil couvrit le monde ;
Et, jusqu'au sein des bois,
La pitié fut profonde :
L'oiseau n'eut plus de voix.
Soudain, dans le silence,
Un tout petit pauvret
Droit à Jésus s'élance.
Se pose au noir gibet,

Il tire mainte épine
Du front du doux martyr.
Christ, ô bonté divine !
Tout près de défaillir,
Se ranime et murmure :
« Sois marqué de mon sang,
« Et chante en la ramure,
« Oiseau compatissant ! »

Depuis, fut empourprée
La gorge du pauvret ;
Et sa voix éplorée
La nuit, dans la forêt,
Conduit à la chaumière
Les pauvres gens perdus :
L'oiseau plaint sur la terre
Tous ceux qu'aimait Jésus !

LA MISÈRE HÉRÉDITAIRE

On m'a conté qu'un vieux grand-père,
Un jour de triste saison,
Ouvrit sa porte à Misère,
L'installa dans sa maison.

Elle avait froid et pauvre mine :
Il dit : « Passe au coin du feu ».
Ses dents claquaient de famine :
« Bois, dit-il, et mange un peu ».

Et l'humble aïeul, un bien brave homme,
Mais, hélas ! parfois sans pain,
Ne put offrir qu'une pomme
A la mourante de faim.

Un fruit tout sec, un brin de flamme,
C'était peu : ce fut beaucoup !
Misère qui rendait l'âme,
Se ranima tout à coup.

Au même instant, avec la vie,
Brilla soudain la gaîté :
« Bon vieux, je serai ta mie,
» J'ai des chants pour ta bonté !

» J'égaîrai ton toit charitable
» Pour ma part de ton pain bis ;
» Joyeuse, à ton humble table,
» Je vivrai de père en fils ! »

Plus d'un logis est sa demeure
Où vit aussi l'Amitié.
On y chante ; et si l'on pleure,
Ce sont larmes de pitié !

LA CHAUMINE DÉSERTE

Qui donc a vécu là, brave homme ?

— On l'ignore, mon bon Monsieur. Mais les grands sapins vous l'apprendraient peut-être, si vous saviez les comprendre. Un berger qui aimait à les écouter croit avoir entendu dans le vent murmurer ces mots : « Le pauvre vieux mourut ; son chien aussi ; et le grillon ne chanta plus. Plus rien ne vit dans la chaumine. »

Au sommet du vallon, sous les longs sapins verts,
Une chaumière est là qui dort, triste, déserte.
Le vieux chaume affaissé, noirci par les hivers,
Et la pierre des murs, de mousse recouverte,
Ont un aspect de mort et d'éternel oubli.
Qui donc a vécu là ?

Ecoutez la ramure
Conter les souvenirs du temps enseveli :
Le vent des monts soulève un immense murmure
Où s'éveillent les bruits endormis dans le bois.
Et les sapins géants, de leur voix grave et lente
Qui s'enfle et se prolonge, évoquent l'autrefois.
Séculaires voisins de la maison croulante,
Ils savent son histoire et parlent du passé
Au rêveur curieux qui s'assied à leur ombre.

. . . .

Le dernier survivant s'en alla, tout cassé
Par le deuil, les chagrins, la solitude sombre.
La guerre avait tué ses deux fils et leur mère.
Pour les revoir plustôt, il se laissa mourir,
S'inclinant tous les jours un peu plus vers la terre.
Il fut des mois en proie aux pensers accablants...
Assis, et tout courbé sur ses genoux tremblants,
Il s'obstinait, la nuit, à songer, tête basse,
En regardant toujours la flamme du foyer,
Comme si la lumière eût, dans son âme lasse,
Augmenté les tourments du chagrin meurtrier !..

Il songe. Son vieux chien, entre ses pieds, se couche
Et poursuit, l'œil mi-clos, quelque rêve inconnu,
Entrecoupé parfois d'un grondement farouche ;
Pendant que le grillon, d'un cri voilé, menu,
Egrène la chanson de l'âtre plein de flammes.

Dans l'éternel repos, un soir, l'homme s'endort :
Son âme inconsolée a fui vers d'autres âmes !
La demeure s'emplit d'un silence de mort.
Le vieux chien, inquiet, assis devant la porte,
Attend. Mais le doux maître est parti sans retour.
Un matin, sur le seuil, la pauvre bête est morte.
Le foyer s'est éteint. Le grillon, à son tour,
Ne se réveille plus, glacé par les hivers.

Et la chaumière est là, qui dort, triste, déserte,
Au sommet du vallon, sous les longs sapins verts,
Dans un sombre linceul, par la mousse couverte.

LES LARMES

Lorsque le tendre Abel fut frappé par son frère,
Eve, Adam, désolés, pour la première fois
Connurent la douleur. Leur cher enfant, à terre,
Et baignant dans son sang, était sourd à leur voix :
La mort avait glacé sa première victime !
Et ces infortunés, brisés par deux malheurs,
Pour soulager leur cœur de la mort et du crime,
Ne savaient point verser des pleurs !

Dieu prit alors pitié de ses deux créatures.
Pour aider à souffrir, pour qu'on pût endurer
Quand le cœur saignerait par de telles blessures,
Il fit à l'homme un don : les larmes, pour pleurer.
A l'aurore, il reprit deux gouttes de rosée ;
Puis au père d'Abel, il dit en les offrant :
« Ces perles couleront sur ta joue embrasée
« Pour soulager ton cœur souffrant ! ».

Que de cœurs ont souffert ! que de larmes brûlantes
Ont sillonné depuis la face du mortel !
Depuis le pauvre Adam, qui, de ses mains tremblantes,
Posait dans le tombeau le cadavre d'Abel,
Que de pères en deuil ont gémi sur la pierre
Où repose à jamais le corps d'un fils chéri !
Et plus d'un, grâce aux pleurs qui mouillent sa [paupière,
Sent revivre son cœur meurtri !

LE POMMIER DU BAPTÊME

Autrefois, le jour de la naissance ou du baptême d'un enfant, il était d'usage, dans certaines familles, de planter un arbre fruitier en l'honneur du nouveau venu en ce monde. De vieux contes patois rappellent cette coutume ; ils sont empreints de sentiments qui nous ont paru délicats et que nous avons essayé de traduire dans les strophes suivantes.

Petit pommier, planté par mon grand-père,
A mon baptême, un soir joyeux d'avril,
Petit pommier, dresse ta tête fière,
Forte à narguer la bise et le grésil.
Fils du jardin, roi de ce coin de terre,
Fête aujourd'hui ton vingtième printemps :
Bois le soleil versé sur tes vingt ans !

Avril sourit pour parer ta jeunesse.
Petit pommier, savoure sa chaleur ;
Chaque rayon te colore et te tresse,
En tes bourgeons, des couronnes de fleur..
Lorsque la brise épandra sa caresse
Sur tes jolis calices roses-blancs,
J'irai m'asseoir sous tes rameaux tremblants.

J'irai, le soir, écouter ton murmure,
Touchant pour moi comme un lointain soupir...
Dans les frissons de ta jeune ramure,
J'entends vibrer un tendre souvenir.
Fils inconscient de la féconde terre,
Ta voix pieuse évoque mon grand'père,
Et, dans mon âme, un chant vient le bénir.

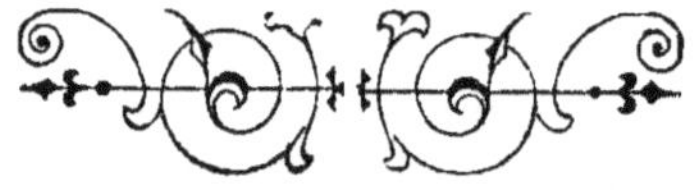

www.ingramcontent.com/pod-product-compliance
Lightning Source LLC
LaVergne TN
LVHW010006230826
846092LV00002B/668

* 9 7 8 2 3 2 9 5 2 6 3 5 5 *